D1934182

Am Brunnen vor dem Tore

freizeit
ht

In der gleichen Reihe sind erschienen:

Taschenbuch der Musikinstrumente	ht 70
Kennen Sie die neuesten Wörter?	ht 187
Mixgetränke mit Pfiff!	ht 218
Traumbuch	ht 226
Partybuch	ht 231
Taschenbuch der Psychologie	ht 238
PSI – Rätselhafte Kräfte	ht 244
Reden für jeden Anlaß	ht 247
Angst erkennen – Angst überwinden	ht 276
Gesellschaftsspiele zu zweit	ht 281
Taschenbuch der Astrologie	ht 284
Gästebuch und Poesiealbum	ht 287
Taschenbuch der Weine	ht 288
Gutes Benehmen	ht 303
Mehr Spaß am Pfeiferauchen	ht 318
Pferde und Reiten – mein Hobby	ht 323
Taschenbuch der Jagd	ht 325

Am Brunnen vor dem Tore

100 beliebte Volks- und Wanderlieder

Von Toni Hirtreiter

Humboldt-Taschenbuchverlag

humboldt-taschenbuch 331

Umschlagfoto: Mauritius, Mittenwald
Innenabbildungen: Karl Bosler, München (Kapitel IV); Hubert Kindler, München (Kapitel I); Gerhard Klammet, Ohlstadt bei Garmisch (Kapitel III u. V); Werner Neumeister, München (Kapitel II u. VI).

© 1978 by Humboldt-Taschenbuchverlag Jacobi KG, München
Printed in Germany
Druck: Presse-Druck, Augsburg
ISBN 3-581-66331-7

1 2 3 4 * 80/798

Inhalt

Vorwort

Der Begriff des Volksliedes entzieht sich weitgehend der exakten Definition und ist nicht eindeutig von anderen Liedentwicklungen abgrenzbar. Im Verlaufe der Jahrhunderte hat sich das Volkslied zwischen dem anspruchsvollen Kunstlied und dem anspruchslosen Gassenhauer nicht nur einen festen Platz geschaffen, sondern ihn auch gegen alle Moden bis heute erfolgreich behauptet. Dabei sind selbstverständlich die Grenzen nach beiden Seiten fließend. Wechselwirkungen und gegenseitige Durchdringungen sind zu allen Zeiten nachweisbar. Während einerseits das Volkslied immer wieder neue Impulse von der Kunstliedentwicklung erhielt und umgekehrt, gibt es andererseits auch vielschichtige Beeinflussungen zwischen Volkslied und volkstümlichem Lied, Bänkelgesang, Küchenlied und Gassenhauer. Oft ist es eine reine Geschmacksfrage, ob man ein Lied nur als volkstümlich empfindet oder echter Volksliedtradition zuordnet. Nicht selten ist die Unterscheidung von kunstvollem Volkslied und volkstümlichem Kunstlied ebenso schwer.

In der vorliegenden Sammlung haben diese theoretischen Erwägungen der Volksliedforschung nur untergeordnete Bedeutung. Liedauswahl, Notenbild und Textfassungen sind vor allem von Gesichtspunkten der Verwendbarkeit in der Gesangspraxis unserer Gegenwart bestimmt. Aus der Fülle des deutschen Volksliedgutes wurde nur das ausgewählt, was noch heute im Volke lebendig ist. Das gilt nicht nur für die Lieder allgemein, sondern auch für die Wahl der oft sehr stark voneinander abweichenden Varianten von Weise und Text.

Dieses Auswahlprinzip entspricht durchaus der echten Volksliedtradition, denn es setzten sich immer nur die Lieder durch und breiteten sich aus, die wirklich dem Volksempfinden entsprechen. Vor allem solche Lieder wurden von Mund zu Mund, von Generation zu Generation weitergegeben und blieben auf ihrer oft jahrhundertelangen Wanderung durch die deutschsprachigen

Landschaften mit vielen Abwandlungen bis heute lebendig. Was aus den verschiedensten Gründen nicht lebenskräftig genug war und nur noch in Archiven und Bibliotheken überdauert, ist wohl in den meisten Fällen zu Recht vergessen, wenn auch Volkstumsforscher und Musikhistoriker mitunter anderer Meinung sind.
Die vorliegende Sammlung ist in Liedauswahl, Notenbild und Textfassungen für den Laien zum praktischen Gebrauch gedacht. Sie will den Menschen aller Bildungsgrade und Altersstufen in unserer rationalisierten und übertechnisierten Welt mit Gefühlswerten echter Volkspoesie und Musikalität einen notwendigen seelischen Ausgleich vermitteln. Es wurden daher nur solche Lieder berücksichtigt, die in diesem Sinne noch heute lebendig und wirkungsvoll sind. Als Orientierungshilfen dienten mir dabei besonders die neuen Volksliededitionen von Günter Pössiger, die mir bei meiner Arbeit sehr nützlich waren.
Um der Volksliedpraxis unserer Zeit weitgehend gerecht zu werden und um dem musikalisch nicht vorgebildeten Laien das Nachsingen der Lieder zu erleichtern, habe ich die einstimmige Singweise ohne Begleitung gewählt und speziell für diese Sammlung ein möglichst einfaches Notenbild geschaffen. Das kommt übrigens der echten Volksliedtradition sehr nahe, denn alle Volkslieder wurden ursprünglich einstimmig und ohne Begleitung gesungen.

Toni Hirtreiter

Wohlauf, ihr Wandersleut
Lieder zur schönen Wanderzeit

Es ist nicht jeder ein Musikant, der eine Geige auf dem Rücken trägt.

Abraham a Santa Clara
1644–1709

Singen kann ich nicht wie du,
Und wie ich nicht der und jener,
Kannst du's besser, sing frisch zu!
Andre singen wieder schöner.
Droben an dem Himmelstor
Wird's ein wunderbarer Chor.

Joseph Freiherr von Eichendorff
1788–1857

Wohlauf, ihr Wandersleut

Auf Quellen des 17. Jahrhunderts zurückgehendes Volkslied aus Mähren

Durch Disteln und durch Dorn
muß ich oftmals wandern,
ich bin dazu geborn;
ich fürcht kein' Schnee, kein' Kält, kein' Hitz,
obgleich ich bisweilen schwitz;
von Gott kommt der Gewinn.

Die Mahlzeit ist ganz klein,
es ist ja nur ein Stückchen Brot,
das Wasser ist der Wein,
das trockne Brot ist mein Kapaun,
ich hab kein Wildpret, kein Fasaun,
tu gleich noch fröhlich sein.

Wann kommt die Nacht herzu,
bitt ich den Wirt um Heu oder Stroh,
leg mich darauf zur Ruh,
die Müdigkeit macht, daß ich schlaf
viel besser als ein Fürst und Graf,
der Federn hat genug.

Wachet auf, wachet auf

Volkstümlicher Kanon aus dem 19. Jahrhundert, Weise und Text von Johann Wachsmann

Bruder Jakob

Volkstümliche Weise aus Frankreich, seit dem 19. Jahrhundert in ganz Deutschland verbreitet

Steh nur auf, steh nur auf, du Handwerksgesell

Bis ins 18. Jahrhundert zurückreichendes Volkslied aus Schlesien

Ei, was scher ich mich um der Vöglein Gesang
und um des Fuhrmanns Fahren!
Ich bin ein ganz junger Handwerksgesell,
muß reisen fremde Straßen.

In Preußen liegt eine wunderschöne Stadt,
Berlin tut man sie heißen;
Berlin, das ist uns wohlbekannt,
da wollen wir jetzt hinreisen.

Und als wir kamen vor das Potsdamer Tor,
täten wir die Schildwacht fragen,
allwo der Gesellen ihre Herberg war,
das sollten sie uns sagen.

Auf der Kuchelberger Gaß im Braunschweiger Haus,
da sollten wir einkehren,
da sollten wir nach Handwerksbrauch
den Herbergsvater ehren.

Seid willkommen, willkommen, ihr Söhne mein!
Da steht eine Kann mit Weine,
und sollt euer Sinn nach Arbeit stehn,
so schenk ich auch noch eine.

Frühmorgens, wenn die Hähne krähn

Volkstümliches Lied aus dem 19. Jahrhundert, Weise von Franz Abt, Text von L. Drewes

Die Quelle, die ihn kommen hört,
hält ihr Gemurmel auf sogleich,
auf daß sie nicht die Andacht stört
von groß und klein im Waldbereich.
Die Bäume denken, nun laßt uns senken
vorm lieben Herrgott das Gesträuch.

Die Blümlein, wenn sie aufgewacht,
sie ahnen auch des Herrn Gewalt
und schütteln rasch den Schlaf der Nacht
sich aus den Augen alsobald.
Sie flüstern leise ringsum im Kreise,
der liebe Gott geht durch den Wald.

Kommt, laßt uns gehn spazieren

Bis ins 17. Jahrhundert zurückreichendes Volkslied, Weise von Franz Biebl,
Text von Martin Opitz

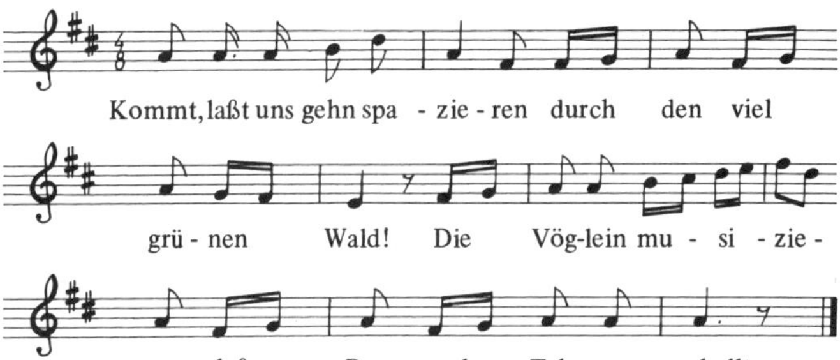

Wohl dem, der frei kann singen,
wie du, du Volk der Luft,
und seine Stimme schwingen
zu Gott, zu dem er ruft!

Wohl dem, der frei da lebet,
wie du, du leichte Schar,
ohn' Sorg in Frieden schwebet
und außer aller Fahr!

Auf, auf, ihr Wandersleut

Bis ins 18. Jahrhundert zurückreichendes Volkslied aus Nordböhmen

Ihr liebsten Eltern mein,
ich will euch dankbar sein;
die ihr mir habt gegeben
von Gott ein langes Leben,
so gebet mir gleich einer Speis
den Segen auf die Reis.

Der Tau vom Himmel fällt,
hell wird das Firmament.
Die Vöglein in den Höhen,
wenn sie vom Schlaf aufstehen,
so singen sie mir zu meiner Freud:
Lebt wohl, ihr Wandersleut!

Auf, du junger Wandersmann

Bis ins 18. Jahrhundert zurückreichendes Volkslied aus Franken

An dem schönen Donaufluß
findet man ja seine Lust
und seine Freud auf grüner Heid,
wo die Vöglein lieblich singen
und die Hirschlein fröhlich springen;
dann kommt man vor eine Stadt,
wo man gute Arbeit hat.

Mancher hinterm Ofen sitzt
und gar fein die Ohren spitzt,
kein' Stund fürs Haus ist kommen aus;
den soll man als G'sell erkennen
oder gar ein' Meister nennen,
der noch nirgends ist gewest,
nur gesessen in sein'm Nest?

Morgens, wenn der Tag angeht
und die Sonn am Himmel steht,
so herrlich rot wie Milch und Blut,
auf, ihr Brüder, laßt uns reisen,
unserm Herrgott Dank erweisen
für die fröhlich Wanderzeit,
hier und in die Ewigkeit.

Wohlauf, die Luft geht frisch und rein

Volkslied aus dem 19. Jahrhundert, Weise von Valentin Eduard Becker, Text von Joseph Victor von Scheffel

Der Wald steht grün, die Jagd geht gut,
schwer ist das Korn geraten;
sie können auf des Maines Flut
die Schiffe kaum verladen.
Bald hebt sich auch das Herbsten an,
die Kelter harrt des Weines;
der Winzer Schutzherr Kilian
beschert uns etwas Feines.

Wallfahrer ziehen durch das Tal
mit fliegenden Standarten,
hell grüßt ihr doppelter Choral
den weiten Gottesgarten.
Wie gerne wär ich mitgewallt,
ihr Pfarr wollt mich nicht haben!
So muß ich seitwärts durch den Wald
als räudig Schäflein traben.

Zum heil'gen Veit von Staffelstein
bin ich emporgestiegen
und seh die Lande um den Main
zu meinen Füßen liegen.
Von Bamberg bis zum Grabfeldgau
umrahmen Berg und Hügel
die breite, stromdurchglänzte Au.
Ich wollt, mir wüchsen Flügel!

Einsiedelmann ist nicht zu Haus,
dieweil es Zeit zu mähen;
ich seh ihn an der Halde draus
bei einer Schnittrin stehen.
Verfahrner Schüler Stoßgebet
heißt: Herr, gib uns zu trinken!
Doch wer bei schöner Schnittrin steht,
dem mag man lange winken.

Einsiedel, das war mißgetan,
daß du dich hubst von hinnen;
es liegt, ich seh's dem Keller an,
ein guter Jahrgang drinnen.
Hoiho! Die Pforten brech ich ein
und trinke was ich finde.
Du heiliger Veit von Staffelstein,
verzeih mir Durst und Sünde.

Der Mai ist gekommen

Volkslied aus dem 19. Jahrhundert, Weise von Wilhelm Lyra, Text von Emanuel Geibel

Herr Vater, Frau Mutter, daß Gott euch behüt!
Wer weiß, wo in der Ferne mein Glück mir noch blüht.
Es gibt so manche Straße, da nimmer ich marschiert;
es gibt so manchen Wein, den ich nimmer noch probiert.

Frischauf drum, frischauf drum im hellen Sonnenstrahl,
wohl über die Berge, wohl durch das tiefe Tal!
Die Quellen erklingen, die Bäume rauschen all;
mein Herz ist wie 'ne Lerche und stimmet ein mit Schall.

Und abends im Städtchen, da kehr ich durstig ein.
„Herr Wirt, Herr Wirt, eine Kanne blanken Wein!“
Ergreife die Fiedel, du lustiger Spielmann du,
von meinem Schatz das Liedel, das singe ich dazu!

Und find ich keine Herberg, so lieg ich zur Nacht
wohl unterm blauen Himmel, die Sterne halten Wacht;
im Winde die Linde, die rauscht mich ein gemach;
es küßt in der Frühe das Morgenrot mich wach.

O Wandern, o Wandern, du freie Burschenlust!
Da wehet Gottes Odem so frisch in der Brust,
da singet und jauchzet das Herz zum Himmelszelt:
Wie bist du doch so schön, o du weite, weite Welt!

Wohlauf in Gottes schöne Welt

Alte Volksweise aus der Mark, Text aus dem 19. Jahrhundert von Julius von Rodenberg

Du traute Stadt am Bergeshang,
lebewohl, ade!
Du hoher Turm, du Glockenklang,
lebewohl, ade!
Ihr Häuser alle wohlbekannt,
noch einmal wink ich mit der Hand
und dann seitab gewandt.

An einem Wege fließt der Bach,
lebewohl, ade!
Der ruft den letzten Gruß mir nach,
lebewohl, ade!
Ach Gott, da wird's so eigen mir,
so milde wehn die Lüfte hier,
als wär's ein Gruß von dir!

Ein Gruß von dir, du schönes Kind,
lebewohl, ade!
Doch nun den Berg hinab geschwind,
lebewohl, ade!
Wer wandern will, der darf nicht stehn,
der darf niemals nach hinten sehn,
muß immer weiter gehn!

Wir wollen zu Land ausfahren

Volkstümliches Lied aus neuerer Zeit, Weise von Kurt von Burkersroda,
Text von Hjalmar Kutzleb

Fremde Wasser dort springen,
sie solln unser Weiser sein,
froh wir wandern und singen
Lieder ins Land hinein.
Und brennt unser Feuer an gastlicher Statt,
so sind wir geborgen und schmausen uns satt,
und die Flamme leuchtet darein.

Und wandelt aus tiefem Tale
heimlich und still die Nacht,
und sind vom Mondenstrahle
Gnomen und Elfen erwacht,
dämpfet die Stimme, die Schritte im Wald,
so seht ihr und hört ihr manch Zaubergestalt,
die wallt mit uns durch die Nacht.

Es blühet im Walde tief drinnen
die blaue Blume fein;
die Blume zu gewinnen,
ziehn wir in die Welt hinein.
Es rauschen die Bäume, es murmelt der Fluß,
und wer die blaue Blume finden will,
der muß ein Wandervogel sein.

An einem Sommermorgen

Alte Volksweise, Text aus dem 19. Jahrhundert von Theodor Fontane

Des Himmels heitre Bläue
lacht dir ins Herz hinein
und schließt wie Gottes Treue
mit seinem Dach dich ein.

Rings Blüten nur und Triebe
und Halm, vom Segen schwer.
Dir ist's als zög die Liebe
des Weges nebenher.

Es, es, es und es

Altes Handwerksburschenlied aus dem 18. Jahrhundert

Er, er, er und er, Herr Meister, leb er wohl!
Er, er, er und er, Herr Meister, leb er wohl!
Ich sag's ihm grad frei ins Gesicht:
Seine Arbeit, die gefällt mir nicht.
Ich will mein Glück probieren, marschieren.

Sie, sie, sie und sie, Frau Meistrin, leb sie wohl!
Sie, sie, sie und sie, Frau Meistrin, leb sie wohl!
Ich sag's ihr grad frei ins Gesicht:
Ihr Speck und Kraut, das schmeckt mir nicht.
Ich will mein Glück probieren, marschieren.

Ihr, ihr, ihr und ihr, ihr Jungfern, lebet wohl!
Ihr, ihr, ihr und ihr, ihr Jungfern, lebet wohl!
Ich wünsche euch zu guter Letzt
ein' andern, der mein Stell ersetzt.
Ich will mein Glück probieren, marschieren.

Ihr, ihr, ihr und ihr, ihr Brüder, lebet wohl!
Ihr, ihr, ihr und ihr, ihr Brüder, lebet wohl!
Hab ich euch was zuleid getan,
so bitt ich um Verzeihung an.
Ich will mein Glück probieren, marschieren.

Wer recht in Freuden wandern will

Volkslied aus dem 19. Jahrhundert, Weise von Gustav Klauer,
Text von Emanuel Geibel

Die ganze Welt ist wie ein Buch,
darin uns aufgeschrieben
in bunten Zeilen manch ein Spruch,
wie Gott uns treu geblieben;
Wald und Blumen nah und fern
und der helle Morgenstern
sind Zeugen von seinem Lieben.

Da zieht die Andacht wie ein Hauch
durch alle Sinne leise,
da pocht ans Herz die Liebe auch
in ihrer stillen Weise,
pocht und pocht, bis sich's erschließt
und die Lippe überfließt
von lautem jubelnden Preise.

Und plötzlich läßt die Nachtigall
im Busch ihr Lied erklingen,
in Berg und Tal erwacht der Schall
und will sich aufwärts schwingen,
und der Morgenröte Schein
stimmt in lichter Glut mit ein:
Laßt uns dem Herrn lobsingen!

Warum bist du denn so traurig?

Lieder zum Abschied

Musika ist das beste Labsal einem betrübten Menschen.

Martin Luther, Tischreden
1483–1546

Musik allein ist die Weltsprache und braucht nicht übersetzt zu werden: Da spricht Seele zu Seele.

Berthold Auerbach
1812–1882

Warum bist du denn so traurig

Bis ins 17. Jahrhundert zurückreichendes Volkslied

Eh ich dich, mein Kind, will lassen,
muß der Himmel fallen ein
und der Sterne Glanz erblassen
und der Mond verfinstert sein.

Morgen muß ich von dir reisen,
Abschied nehmen mit Gewalt;
lustig singen schon die Vögel
draußen in dem grünen Wald.

Sitzen da zwei Turteltauben
droben auf dem dürren Ast;
wo sich zwei Verliebte scheiden,
da verwelket Laub und Gras.

Laub und Gras, das mag verwelken,
aber treue Liebe nicht:
Kommst mir wohl aus meinen Augen,
doch aus meinem Herzen nicht!

Muß i denn, muß i denn

Bis ins 18. Jahrhundert zurückreichendes Volkslied aus Schwaben

Wie du weinst, wie du weinst,
daß ich wandere muß, wandere muß,
wie wenn d'Lieb jetzt wär vorbei.
Sind au drauß, sind au drauß
der Mädele viel, Mädele viel,
lieber Schatz, i bleib dir treu.
Denk du net, wenn i ein andre seh,
no sei mei Lieb vorbei.
Sind au drauß, sind au drauß
der Mädele viel, Mädele viel,
lieber Schatz, i bleib dir treu.

Übers Jahr, übers Jahr,
wenn mer Träubele schneid't, Träubele schneid't,
stell i hier mi wieder ein.
Bin i dann, bin i dann
dein Schätzele noch, Schätzele noch,
so soll die Hochzeit sein.
Übers Jahr, da ist mein Zeit vorbei,
da g'hör i mein und dein.
Bin i dann, bin i dann
dein Schätzele noch, Schätzele noch,
so soll die Hochzeit sein.

Nun ade, du mein lieb Heimatland

Volkslied aus dem 19. Jahrhundert, Text von August Disselhoff

Wie du lachst mit deines Himmels Blau,
lieb Heimatland, ade!
Wie du grüßest mich mit Feld und Au,
lieb Heimatland, ade!
Gott weiß, zu dir steht stets mein Sinn,
doch zur Ferne zieht es jetzt mich hin:
Lieb Heimatland, ade!

Begleitest mich, du lieber Fluß,
lieb Heimatland, ade!
Bist traurig, daß ich wandern muß,
lieb Heimatland, ade!
Aus der Ferne noch, du stilles Tal,
grüß ich dich zum allerletzten Mal:
Lieb Heimatland, ade!

Innsbruck, ich muß dich lassen

Volkslied aus dem 16. Jahrhundert, Weise nach einem Chorsatz von Heinrich Isaac

Groß Leid muß ich jetzt tragen,
das ich allein tu klagen
dem liebsten Buhlen mein;
ach Lieb, nun laß mich Armen
im Herzen dein erbarmen,
daß ich muß ferne sein.

Mein Trost ob allen Weiben,
dein tu ich ewig bleiben,
stet, treu, der Ehren fromm.
Nun muß dich Gott bewahren,
in aller Tugend sparen,
bis daß ich wiederkomm.

Es ritten drei Reiter zum Tore hinaus

Volksweise aus dem 18. Jahrhundert, Text nach „Des Knaben Wunderhorn"

Und der uns scheidet, das ist der Tod, ade!
Er scheidet so manches Jungfräulein rot, ade!
Er scheidet so manchen Mann vom Weib,
die konnten sich machen viel Zeitvertreib.

Er scheidet das Kindlein wohl in der Wieg'n, ade!
Wann werd ich mein schwarzbraunes Mädel doch krieg'n? Ade!
Und ist es nicht morgen, ach, wär es doch heut;
es macht uns allbeiden gar große Freud!

Ach, wie ist's möglich dann

Auf ältere Quellen zurückgehendes Volkslied aus dem 19. Jahrhundert, Weise von Friedrich Silcher, Text von Helmine von Chézy

Blau blüht ein Blümelein,
das heißt Vergißnichtmein;
dies Blümlein leg ans Herz
und denke mein!
Stirbt Blum und Hoffnung gleich,
wir sind an Liebe reich,
denn die stirbt nie bei mir,
das glaube mir!

Wär ich ein Vögelein,
bald wollt ich bei dir sein,
scheut Falk und Habicht nicht,
flög schnell zu dir!
Schöß mich ein Jäger tot,
fiel ich in deinen Schoß;
sähst du mich traurig an,
gern stürb ich dann.

In einem kühlen Grunde

Volkslied aus dem 19. Jahrhundert. Weise von Friedrich Glück.
Text von Joseph Freiherr von Eichendorff

Sie hat mir Treu versprochen,
gab mir ein'n Ring dabei;
sie hat die Treu gebrochen,
mein Ringlein sprang entzwei.

Ich möcht als Spielmann reisen,
weit in die Welt hinaus,
und singen meine Weisen
und gehn von Haus zu Haus.

Ich möcht als Reiter fliegen
wohl in die blut'ge Schlacht,
um stille Feuer liegen
im Feld bei dunkler Nacht.

Hör ich das Mühlrad gehen,
ich weiß nicht, was ich will;
ich möcht am liebsten sterben,
da wär's auf einmal still.

Am Brunnen vor dem Tore

Volkslied aus dem 19. Jahrhundert, Weise nach Franz Schubert von Ludwig Erk und Friedrich Silcher, Text von Wilhelm Müller

Ich muß auch heute wandern
vorbei in tiefer Nacht,
da hab ich noch im Dunkel
die Augen zugemacht;
und seine Zweige rauschten,
als riefen sie mir zu:
Komm her zu mir, Geselle,
hier findst du deine Ruh.

Die kalten Winde bliesen
mir grad ins Angesicht,
der Hut flog mir vom Kopfe,
ich wendete mich nicht.
Nun bin ich manche Stunde
entfernt von jenem Ort,
und immer hör ich's rauschen:
Du fändest Ruhe dort.

Morgen will mein Schatz verreisen

Volkslied aus dem 18. Jahrhundert

Saßen da zwei Turteltauben,
saßen da auf grünem Ast.
Wo sich zwei Verliebte scheiden,
da verwelken Laub und Gras.

Laub und Gras, das mag verwelken,
aber unsre Liebe nicht.
Du kommst mir aus meinen Augen,
aber aus dem Herzen nicht.

Eine Schwalbe macht kein' Sommer,
ob sie gleich die erste ist;
und mein Liebchen macht mir Kummer,
ob sie gleich die Schönste ist.

Spielet auf, ihr Musikanten,
spielet auf ein Abschiedslied
meinem Liebchen zu Gefallen,
mag's verdrießen, wen es will.

Wohl heute noch und morgen

Bis ins 18. Jahrhundert zurückreichendes Volkslied aus Schlesien

Wann kommst du aber wieder,
Herzallerliebster mein?
Wenn's schneiet rote Rosen
und regnet kühlen Wein.

Es schneiet keine Rosen,
es regnet keinen Wein,
so kommst du auch nicht wieder,
Herzallerliebster mein.

Morgen muß ich fort von hier

Volkslied aus dem 19. Jahrhundert. Weise von Friedrich Silcher. Text nach „Des Knaben Wunderhorn"

Wenn zwei gute Freunde sind,
die einander kennen,
Sonn und Mond bewegen sich,
ehe sie sich trennen.
Noch viel größer ist der Schmerz,
wenn ein treu verliebtes Herz
in die Fremde ziehet.

Küsset dir ein Lüftelein
Wangen oder Hände,
denke, daß es Seufzer sein,
die ich zu dir sende.
Tausend schick ich täglich aus,
die da wehen um dein Haus,
weil ich dein gedenke.

Wohlan, die Zeit ist kommen

Auf Quellen des 18. Jahrhunderts zurückgehendes Volkslied

In meines Vaters Garten,
da stehn viel schöne Blum, ja Blum.
Drei Jahr muß ich noch warten,
drei Jahr sind bald herum.

Du glaubst, du wärst die Schönste
wohl auf der ganzen Welt, ja Welt,
und auch die Angenehmste,
ist aber weit gefehlt.

Der Kaiser streit't für Ländle,
der Herzog für sein Geld, ja Geld,
und ich streit für mein Schätzle,
solang es mir gefällt.

Solang ich leb auf Erden,
sollst du mein Trimpel-Trampel sein,
und wenn ich dann gestorben bin,
so trampelst hinterdrein.

Es kommt die Zeit

Bis ins 18. Jahrhundert zurückreichendes Volkslied aus dem Odenwald

Ob ich auch wiederkommen tät,
mein Schatz, was hilft es dir?
Lieb hab ich dich von Herzen,
aber heiraten tu ich dich nicht.

Es ist kein Äpflein so rund und klein,
schwarze Kernlein sind darin;
es ist kein Bürschlein so hübsch und fein,
es trägt einen falschen Sinn.

Einen falschen Sinn, einen kecken Mut,
den tragen sie allzeit,
und wenn sie ein Mädel betrügen können,
ist's ihre größte Freud.

Ihr Burschen, seid ihr sternenblind
oder seht ihr gar nicht wohl?
Seht ihr nicht die Hirschlein laufen,
die man jetzt schießen soll?

Die Hirschlein, die man laufen sieht,
die schießt man in dem Wald;
junge Mädchen muß man lieben,
eh daß sie werden alt.

Und wenn sie alt und runzlig sind,
haben Falten im Gesicht,
dann der eine zu dem andern spricht:
„Nimm du sie, ich mag sie nicht!"

Ich will sie nicht, ich mag sie nicht,
der Henker mag sie dann!
Ei, dann lad sie in eine Kanone
und schieß sie nach Amsterdam.

Nun leb wohl, du kleine Gasse

Volkslied aus dem 19. Jahrhundert. Weise von Friedrich Silcher.
Text von Albert von Schlippenbach

Hier in weiter, weiter Ferne,
wie's mich nach der Heimat zieht!
Lustig singen die Gesellen,
doch es ist ein fremdes Lied.

Andre Städtchen kommen freilich,
andre Mädchen zu Gesicht;
ach, es sind wohl andre Mädchen,
doch die eine ist es nicht.

Andre Städtchen, andre Mädchen,
ich da mitten drin so stumm;
andre Mädchen, andre Städtchen,
o wie gerne kehrt ich um!

So leb denn wohl, du stilles Haus

Österreichisches Volkslied aus dem 19. Jahrhundert, Weise von Wenzel Müller, Text nach Ferdinand Raimund

So lebt denn wohl, ihr Freunde ihr,
ich ziehe traurig fort von hier,
und find ich anderswo mein Glück,
so denk ich gern an euch zurück.

So leb denn wohl, du Mädchen mein,
soll ich von dir geschieden sein,
so gib mir noch den Abschiedskuß
als einen letzten Liebesgruß.

Bis ich einst kehr zurück zu dir,
bewahre deine Liebe mir,
denn deine Liebe macht mich reich,
sonst gilt mir alles, alles gleich.

So scheiden wir mit Sang und Klang

Volkslied aus dem 19. Jahrhundert, Text von Heinrich Hoffmann von Fallersleben

Wir singen auf dem Heimweg noch
ein Lied der Dankbarkeit.
Lad ein wie heut uns wieder
auf Laubesduft und Lieder
zur schönen Maienzeit!

Schaut hin, von fern noch hört's der Wald
in seiner Abendruh!
Die Wipfel möcht er neigen;
er rauschet mit den Zweigen.
Lebt wohl, ruft er uns zu.

Gut G'sell, und du mußt wandern

Auf Quellen des 17. Jahrhunderts zurückgehendes Volkslied

Reut mich allein mein junges Blut,
das so nach ihr verlangen tut,
weil ich ihr fern soll sein.
Unglück kommt gar darein.
So muß ich doch bekennen,
und soll ich sterben heut,
s'ist g'wißlich wahr,
sag's ganz und gar:
Ich bin ihr doch nit feind.

Also muß ich es lassen gehn
und traurig ganz alleine stehn.
Nach solcher trüben Zeit
kommt gerne wieder Freud.
Wenn Gott der Herr läßt scheinen
seine liebe, helle Sonn
im grünen Wald,
alsdann kommt bald
auch wieder Freud und Wonn.

Jetzt kommen die lustigen Tage

Im 19. Jahrhundert entstandenes Volkslied aus Mähren

Und morgen, da müssen wir wandern,
Schätzel, ade!
Und küssest du gleich einen andern,
wenn ich es nur nicht seh;
und seh ich's im Traum, so bilde ich mir ein,
das ist ja gar nicht so, das kann ja gar nicht sein.

Und kehr ich dann einstmals wieder,
Schätzel, ade!
So sing ich die alten Lieder,
vorbei ist all mein Weh.
Und bist du mir dann gut wie einstmals im Mai,
so bleibe ich bei dir auf ewige Treu.

Es schienen so golden die Sterne

Volkslied aus dem 19. Jahrhundert, Weise von Wilhelm Lyra,
Text von Joseph Freiherr von Eichendorff

Zwei junge Gesellen gingen
vorüber am Bergeshang,
ich hörte im Wandern sie singen
die stille Gegend entlang:
Von schwindelnden Felsenschlüften,
wo die Wälder rauschen so sacht,
von Quellen, die von den Klüften
sich stürzen in die Waldesnacht.

Sie sangen von Marmorbildern,
von Gärten, die überm Gestein
in dämmernden Lauben verwildern,
Palästen im Mondenschein,
wo die Mädchen am Fenster lauschen,
wann der Lauten Klang erwacht,
und die Brunnen verschlafen rauschen
in der prächtigen Sommernacht.

So hab ich nun die Stadt verlassen

Volkstümliches Lied aus dem 19. Jahrhundert, Weise nach Conradin Kreutzer, Text von Ludwig Uhland

Man hat mir nicht den Rock zerrissen,
es wär auch schade für das Kleid;
noch in die Wange mich gebissen
vor übergroßem Herzeleid.

Auch keinem hat's den Schlaf vertrieben,
daß ich am Morgen weiter geh;
sie konnten's halten nach Belieben,
von einer aber tut mir's weh.

Von Hause muß ich fort

Bis ins 18. Jahrhundert zurückreichendes Volkslied

Vor Hamburg komm ich an,
fast nicht mehr gehen kann.
Die Schildwach tut mich fragen:
He, Freund, will er mir sagen,
wo kommt die Reise her?
Von Zinnfels kommt sie her.

Leg er sein Bündel ab;
zeig er mir seinen Paß.
Ich will ihn unterschreiben
und ihm die Herberg weisen,
gleich draußen vor dem Tor
zum Schild vom Schwarzen Mohr.

Als ich zur Türe kam,
klopft ich gar höflich an:
Guten Tag, Frau Herbergsmutter,
gib sie mir Käs und Butter
und eine Flasche Bier,
heut Nacht, da bleib ich hier.

Schön' Dank, mein lieber Sohn,
Arbeit bekommt er schon.
Es haben sich heut sieben
beim Meister eingeschrieben.
Der ist mein Schwiegersohn,
der gibt den besten Lohn.

Für die Arbeit sag ich Dank,
Berlin ist uns bekannt.
Wir wollen unser Glück probieren,
in die Fremde fortmarschieren.
Morgen in aller Früh,
reisen wir fort von hie!

Nun zu guter Letzt

Volkstümliches Lied aus dem 19. Jahrhundert, Text von Heinrich Hoffmann von Fallersleben

Bruder, nun ade!
Scheiden tut zwar weh,
Scheiden ist ein bittres Leiden.
Wer es gut gemeint,
bleibt mit uns vereint,
so, als gäb es gar kein Scheiden.
Dieser Trost mag dich begleiten,
manche Freude dir bereiten.
Wenn du bist im Glück,
denk an uns zurück,
denk an die vergangnen Zeiten.

Bruder, nimm die Hand
jetzt zum Unterpfand,
daß wir treu gesinnt verbleiben,
redlich sonder Wank,
fern von Neid und Zank
stehts in unserm Tun und Treiben.
Endlich wirds einmal geschehen,
daß auch wir uns wiedersehen
und uns wieder freun
und den Bund erneun,
lebe wohl, auf Wiedersehen!

Es fiel ein Reif in der Frühlingsnacht

Auf Quellen des 18. Jahrhunderts zurückgehendes Volkslied vom Niederrhein,
Weise und Text neugefaßt von Anton Wilhelm Florentin von Zuccalmaglio

Ein Knabe hatte ein Mägdelein lieb.
Sie flohen gar heimlich von Hause fort;
es wußtens nicht Vater noch Mutter.

Sie sind gewandert wohl hin und her.
Sie hatten nirgends Glück noch Stern;
sie sind verdorben, gestorben.

’s ist no nit lang, daß g’regnet hot

Bis ins 18. Jahrhundert zurückreichendes Volkslied aus der Schweiz

Jetzt aber ist mer’s g’wanderet
dem Oberländle zu,
do findt er bald en andere,
’s ist doch e kecker Bue.

Und weil i net kann hinterdrei
in meine dünne Schuh,
guck i auch nach em andern aus,
Gott geb mir Glück dazu!

Ade nun zur guten Nacht

Bis ins 18. Jahrhundert zurückreichendes Volkslied

Es trauern Berg und Tal,
wo ich vieltausendmal
bin drüber gangen;
das hat deine Schönheit gemacht,
hat mich zum Lieben gebracht
mit großem Verlangen.

Das Brünnlein rinnt und rauscht
wohl unterm Holderstrauch,
wo wir gesessen.
Wie manchen Glockenschlag,
da Herz bei Herzen lag,
das hast vergessen.

Die Mädchen in der Welt
sind falscher als das Geld
mit ihrem Lieben.
Ade nun zur guten Nacht!
Jetzt wird der Schluß gemacht,
daß ich muß scheiden.

Das Wandern ist des Müllers Lust

Lieder zum fröhlichen Wandern

Wer recht vom Herzen wandern und singen kann,
der ist ein wahrhaft glücklicher Mann.

Clemens Brentano
1778–1842

Sprich, und du bist mein Mitmensch –
singe, und wir sind Brüder und Schwestern.

Theodor Gottlieb von Hippel
1741–1796

Im Frühtau zu Berge

Volksweise aus Schweden, deutsche Textfassung von Walter Hensel, seit Anfang unseres Jahrhunderts in ganz Deutschland verbreitet

Ihr alten und hochweisen Leut, fallera,
ihr denkt wohl, wir sind nicht gescheit, fallera.
Wer sollte aber singen,
wenn wir schon Grillen fingen
in dieser herrlichen Frühlingszeit!

Werft ab alle Sorge und Qual, fallera,
und wandert mit uns aus dem Tal, fallera.
Wir sind hinausgegangen,
den Sonnenschein zu fangen.
Kommt mit und versucht es auch selbst einmal!

Das Wandern ist des Müllers Lust

Volkslied aus dem 19. Jahrhundert, Weise von Carl Friedrich Zöllner, Text von Wilhelm Müller

Vom Wasser haben wir's gelernt,
vom Wasser.
Das hat nicht Ruh bei Tag und Nacht,
ist stets auf Wanderschaft bedacht,
das Wasser.

Das sehn wir auch den Rädern ab,
den Rädern,
die gar nicht gerne stille stehn
und sich beim Tag nicht müde drehn,
die Räder.

Die Steine selbst, so schwer sie sind,
die Steine,
sie tanzen mit den muntern Reihn
und wollen gar noch schneller sein,
die Steine.

O Wandern, Wandern, meine Lust,
o Wandern!
Herr Meister und Frau Meisterin,
laßt mich in Frieden weiterziehn
und wandern!

Jetzt fängt das schöne Frühjahr an

Auf Quellen des 17. Jahrhunderts zurückgehendes Volkslied aus dem Rheinland

Es blühen Blümlein auf dem Feld,
sie blühen weiß, blau, rot und gelb:
Es gibt nichts Schönres auf der Welt.

Jetzt geh ich über Berg und Tal,
da hört man schon die Nachtigall
auf grüner Heid und überall.

Alles neu macht der Mai

Volksweise aus dem 19. Jahrhundert, Text von Hermann Adam von Kamp

Wir durchziehn Saatengrün,
Haine, die nun wieder blühn,
Waldespracht, neu gemacht
nach des Winters Nacht.
Dort im Schatten an dem Quell,
rieselnd munter silberhell,
liegt im Moos
klein und groß
wie im weichen Schoß.

Hier und dort, fort und fort,
wo wir ziehen Ort für Ort,
wie sich heut alles freut
dieser Frühlingszeit!
Widerschein der Schöpfung blüht,
jeder heut ins Freie zieht.
Alles neu, frisch und frei
macht der holde Mai!

Nach grüner Farb mein Herz verlangt

Bis ins 17. Jahrhundert zurückreichendes Volkslied, Weise von Michael Prätorius

Er macht die bunten Blümlein fahl
im Wald und auf der Heid,
dem Laub und Gras allüberall,
dem hat er widerseit.
All Freud und Lust wird jetzo feil,
die uns der Sommer bringt.
Gott geb dem Sommer Glück und Heil,
der zieht nach Mittentag am Seil,
daß er den Winter zwingt.

Bin ein fahrender Gesell

Volkstümliches Lied aus dem 19. Jahrhundert, Text von Rudolf Baumbach

Zieh ich in ein Städtchen ein,
spür ich's im Gehirne,
wo man trifft den besten Wein
und die schönste Dirne.
Spielmann lächelt wohlgemut,
streicht die Fiedel schneller,
und ich werf ihm in den Hut
meinen letzten Heller.

Meister Wirt, darfst heut nicht ruhn,
schlag heraus den Zapfen!
Back, Frau Wirtin, mir ein Huhn
und zum Nachtisch Krapfen!
Was ich heut nicht zahlen kann,
zahlen will ich's künftig,
darum schreib's mit Kreide an,
Wirt, und denk vernünftig!

Wein dir nicht die Äuglein trüb,
Mägdelein, vor Trauer!
Fahrender Gesellen Lieb
ist von kurzer Dauer.
Fahrender Gesellen Lieb
endet vor den Toren,
wein dir nicht die Äuglein trüb,
hast nicht viel verloren.

Kommt ein Stern mit einem Schwanz,
will die Welt zertrümmern,
fürchtet euch vorm Totentanz,
mich soll's wenig kümmern.
Wird dem Weltenbrand zum Raub
Berg und Wald und Heide,
wird das Wirtshaus auch zu Staub,
schwarzes Brett und Kreide.

Ich fahr, ich fahr, ich fahr mit der Post

Auf ein Posthornsignal zurückgehendes österreichisch-ungarisches Volkslied aus dem 19. Jahrhundert

Hab mein Wage voll gelade

Volkslied aus Holland, seit Anfang unseres Jahrhunderts in ganz Deutschland verbreitet

Hab mein Wage vollgelade,
voll mit Männern alten.
Als wir in die Stadt neinkamen,
murrten sie und schalten.
Drum lad ich all mein Lebetage
nie alte Männer auf mein Wage.

Hab mein Wage vollgelade,
voll mit jungen Mädchen.
Als wir zu dem Tor neinkamen,
sangen sie durchs Städtchen.
Drum lad ich all mein Lebetage
nur junge Mädchen auf mein Wage.

Ein Jäger aus Kurpfalz

Volkslied aus dem 18. Jahrhundert

Auf, sattelt mir mein Pferd
und legt darauf den Mantelsack!
So reit ich hin und her
als Jäger aus Kurpfalz.

Jetzt reit ich nicht mehr heim,
bis daß der Kuckuck kuckuck schreit;
er schreit die ganze Nacht
allhier auf grüner Heid.

Wenn ich ein Vöglein wär

Volkslied aus dem 18. Jahrhundert

Bin ich gleich weit von dir,
bin doch im Traum bei dir
und red mit dir.
Wenn ich erwachen tu,
wenn ich erwachen tu,
bin ich allein.

Es vergeht kein Stund in der Nacht,
daß nicht mein Herz erwacht
und an dich denkt,
wie du mir vieltausendmal,
wie du mir vieltausendmal
dein Herz geschenkt.

Ich geh durch einen grasgrünen Wald

Aus dem 19. Jahrhundert stammendes Volkslied aus Hessen

O sing nur, singe, Frau Nachtigall!
Wer möchte dich, Sängerin, stören?
Wie wonniglich klingt's im Widerhall!
Es lauschen die Blumen, die Vöglein all
und wollen die Nachtigall hören.

Nun muß ich wandern bergauf, bergab,
die Nachtigall singt in der Ferne.
Es wird mir so wohl, so leicht am Stab,
und wie ich schreite hinauf, hinab,
die Nachtigall singt in der Ferne.

Ein Sträußchen am Hute

Aus dem 19. Jahrhundert stammendes Volkslied aus Schwaben

So liebliche Blumen am Wege stehn,
muß leider der Wandrer vorübergehn;
sie blühen so herrlich, sie winken ihm hin,
doch fort muß er wieder, muß weiter noch ziehn.

Wohl sieht er ein Häuschen am Wege da stehn,
umkränzet von Blumen und Trauben so schön;
hier könnt's ihm gefallen, er wünscht, es wär sein,
doch fort muß er wieder, die Welt aus und ein.

Ein liebliches Mädchen, das redet ihn an:
Sei freundlich willkommen, du Wandersmann!
Sie sieht ihm ins Auge, er drückt ihr die Hand,
doch fort muß er wieder in ein andres Land.

Auf jenem Berge

Bis ins 18. Jahrhundert zurückreichendes Volkslied aus Hessen

Auf jenem Berge, da wächst ein Blümelein,
ich glaub, es ist ein Röselein.
Rosa, Rosa, Rosa, Rosa mein,
ach könnt ich ewig bei dir sein!

Auf jenem Berge, da singt ein Vögelein,
ich glaub, es ist ein' Nachtigall.
Nachtigall, Nachtigall, Nachtigall,
grüß mir mein' Schatz viel tausendmal!

Heute wollen wir marschiern

Volkstümliches Lied aus dem 19. Jahrhundert

Und die Grete und der Hans
gehn des Sonntags gern zum Tanz,
weil das Tanzen Freude macht
und das Herz im Leibe lacht.

Ist das Tanzen dann vorbei,
gibt es meistens Schlägerei,
und dem Bursch, den das nicht freut,
sagt man, er hat keinen Schneid.

Bunt sind schon die Wälder

Volkslied aus dem 19. Jahrhundert, Weise von Johann Friedrich Reichardt, Text von Johann Gaudenz Freiherr von Salis-Seewis

Wie die volle Traube
aus der Rebenlaube
purpurfarbig strahlt!
Am Geländer reifen
Pfirsiche, mit Streifen
rot und weiß bemalt.

Flinke Träger springen,
und die Mädchen singen,
alles jubelt froh!
Bunte Bänder schweben
zwischen hohen Reben
auf dem Hut von Stroh.

Geige tönt und Flöte
bei der Abendröte
und im Mondesglanz;
junge Winzerinnen
winken und beginnen
frohen Erntetanz.

O Täler weit, o Höhen

Volkslied aus dem 19. Jahrhundert, Weise von Felix Mendelssohn-Bartholdy,
Text von Joseph Freiherr von Eichendorff

Wenn es beginnt zu tagen,
die Erde dampft und blinkt,
die Vögel lustig schlagen,
daß dir dein Herz erklingt:
da mag vergehn, verwehen
das trübe Erdenleid,
da sollst du auferstehen
in junger Herrlichkeit!

Im Walde steht geschrieben
ein stilles, ernstes Wort
vom rechten Tun und Lieben
und was des Menschen Hort.
Ich habe treu gelesen
die Worte schlicht und wahr,
und durch mein ganzes Wesen
ward's unaussprechlich klar.

Bald werd ich dich verlassen,
fremd in der Fremde gehn,
auf buntbewegten Gassen
des Lebens Schauspiel sehn;
und mitten in dem Leben
wird deines Ernsts Gewalt
mich Einsamen erheben,
so wird mein Herz nicht alt.

Kommt ein Vogel geflogen

Österreichisches Volkslied aus dem 19. Jahrhundert

Lieber Vogel, flieg weiter,
bring ein' Gruß mit und ein' Kuß,
denn ich kann dich nicht begleiten,
weil ich hierbleiben muß.

So viel Stern am Himmel stehen

Bis ins 18. Jahrhundert zurückreichendes Volkslied, Text nach „Des Knaben Wunderhorn"

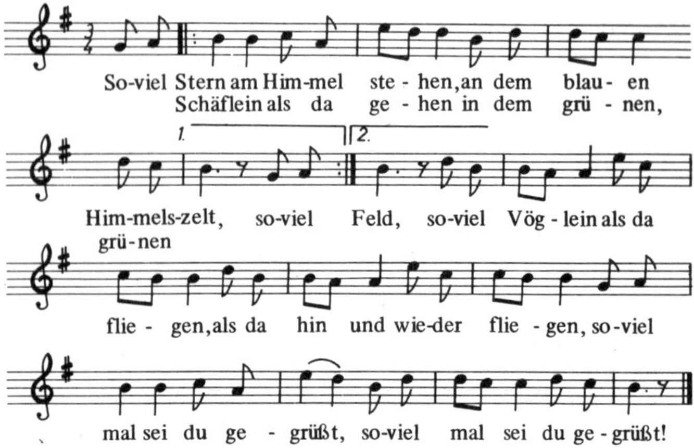

Soll ich dich denn nimmer sehen,
nun ich in die Ferne muß?
Ach, das kann ich nicht verstehen,
o du bittrer Scheidensschluß!
Wär ich lieber schon gestorben,
wär ich jetzt nicht so betrübt!

Weiß nicht, ob auf dieser Erden,
die des herben Jammers voll,
nach viel Trübsal und Beschwerden
ich dich wiedersehen soll.
Was für Wellen, was für Flammen
schlagen über mir zusammen!
Ach, wie groß ist meine Not!

Mit Geduld will ich es tragen,
denk ich immer nur zu dir;
alle Morgen will ich sagen,
o mein Schatz, wann kommst zu mir?
Alle Abend will ich sprechen,
wenn mir meine Augen brechen:
O mein Lieb, gedenk an mich!

Ja, ich will dich nicht vergessen,
enden nie die Liebe mein.
Wenn ich sollte unterdessen
auf dem Todbett schlafen ein,
auf dem Kirchhof will ich liegen
wie ein Kindlein in der Wiegen,
das die Lieb tut wiegen ein.

Stehn zwei Stern am hohen Himmel

Bis ins 18. Jahrhundert zurückreichendes Volkslied aus dem Westerwald

Ach, was wird mein Schätzchen denken,
weil ich bin so weit von ihr,
weil ich bin, weil ich bin,
weil ich bin so weit von ihr.

Gerne wollt ich zu ihr gehen,
wenn der Weg so weit nicht wär,
wenn der Weg, wenn der Weg,
wenn der Weg so weit nicht wär.

Gold und Silber, Edelsteine,
schönster Schatz, gelt, du bist mein;
ich bin dein, du bist mein,
ach, was kann denn schöner sein.

Im Krug zum grünen Kranze

Lieder zur Rast und Einkehr

Wo man singt, laß dich ruhig nieder,
ohne Furcht, was man im Lande glaubt;
wo man singt, wird kein Mensch beraubt;
Bösewichter haben keine Lieder.

Johann Gottfried Seume
1763–1810

Wer nicht liebt Wein, Weib und Gesang,
der bleibt ein Narr sein Leben lang.

Altes Sprichwort

Im Krug zum grünen Kranze

Volkslied aus dem 19. Jahrhundert, Text von Wilhelm Müller

Ein Glas war eingegossen,
das wurde nimmer leer;
sein Haupt ruht auf dem Bündel,
als wär's ihm viel zu schwer.

Ich tat mich zu ihm setzen,
ich sah ihm ins Gesicht,
das schien mir gar befreundet,
und dennoch kannt ich's nicht.

Da sah auch mir ins Auge
der fremde Wandersmann
und füllte meinen Becher
und sah mich wieder an.

Hei, was die Becher klangen,
wie brannte Hand in Hand:
Es lebe die Liebste deine,
Herzbruder im Vaterland!

Bei einem Wirte wundermild

Volkslied aus dem 19. Jahrhundert, Text von Ludwig Uhland

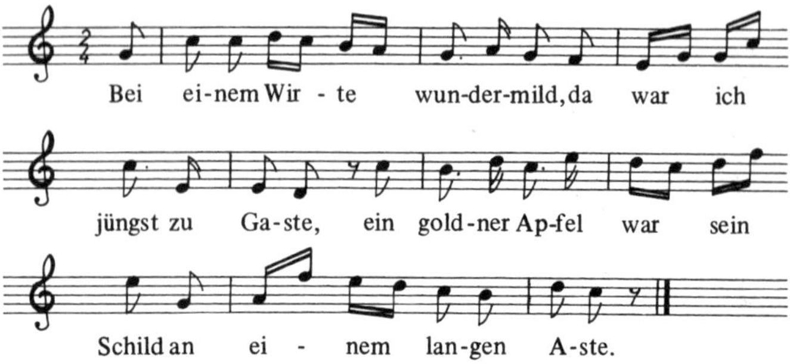

Es war der gute Apfelbaum,
bei dem ich eingekehret:
mit süßer Kost und frischem Schaum
hat er mich wohl genähret.

Es kamen in sein grünes Haus
viel leicht beschwingte Gäste;
sie sprangen frei und hielten Schmaus
und sangen auf das beste.

Ich fand ein Bett zu süßer Ruh
auf weichen grünen Matten.
Der Wirt, der deckte selbst mich zu
mit seinem kühlen Schatten.

Nun fragt ich nach der Schuldigkeit,
da schüttelt er den Wipfel.
Gesegnet sei er allezeit
von der Wurzel bis zum Gipfel.

Es zogen drei Burschen

Volkslied aus dem 19. Jahrhundert, Text von Ludwig Uhland

Frau Wirtin, hat sie gut Bier und Wein?
Wo hat sie ihr schönes Töchterlein?

Mein Bier und Wein sind frisch und klar;
mein Töchterlein liegt auf der Totenbahr!

Und als sie traten zur Kammer hinein,
da lag sie in einem schwarzen Schrein.

Der erste, der schlug den Schleier zurück
und schaute sie an mit traurigem Blick:

Ach, lebtest du noch, du schöne Maid,
ich würde dich lieben von dieser Zeit!

Der zweite deckte den Schleier zu
und kehrte sich ab und weinte dazu:

Ach, daß du liegst auf der Totenbahr!
Ich hab dich geliebt so manches Jahr!

Der dritte hob ihn wieder auf sogleich
und küßte sie auf den Mund so bleich:

Dich liebt ich immer, dich lieb ich noch heut
und werde dich lieben in Ewigkeit!

Bekränzt mit Laub den lieben vollen Becher

Volkstümliches Lied aus dem 19. Jahrhundert, Weise von Johann André,
Text von Matthias Claudius

Er kommt nicht her aus Ungarn noch aus Polen,
noch wo man franzmännsch spricht;
da mag Sankt Veit, der Ritter, Wein sich holen,
wir holen ihn da nicht.

Ihn bringt das Vaterland aus seiner Fülle,
wie wär er sonst so gut!
wie wär er sonst so edel, wäre stille,
und doch voll Kraft und Mut!

Er wächst nicht überall im deutschen Reiche;
und viele Berge, hört!
sind, wie die weiland Kreter, faule Bäuche,
und nicht der Stelle wert.

Thüringens Berge zum Exempel bringen
Gewächs, sieht aus wie Wein,
ist's aber nicht. Man kann dabei nicht singen,
dabei nicht fröhlich sein.

Im Erzgebirge dürft ihr auch nicht suchen,
wenn Wein ihr finden wollt,
das bringt nur Silbererz und Kobaltkuchen
und etwas Lausegold.

Der Blocksberg ist der lange Herr Philister,
er macht nur Wind wie der;
drum tanzen auch der Kuckuck und sein Küster
auf ihm die Kreuz und Quer.

Am Rhein, am Rhein! Da wachsen unsre Reben.
Gesegnet sei der Rhein!
Da wachsen sie am Ufer hin und geben
uns diesen Labewein.

So trinkt ihn denn, und laßt uns allewege
uns freun und fröhlich sein!
Und wüßten wir, wo jemand traurig läge,
wir gäben ihm den Wein.

Wohlauf, noch getrunken den funkelnden Wein

Volkstümliches Lied aus dem 19. Jahrhundert, Text von Justinus Kerner

Die Sonne, sie bleibet am Himmel nicht stehn,
es treibt sie, durch Länder und Meere zu gehn;
die Woge nicht haftet am einsamen Strand,
die Stürme, sie brausen mit Macht durch das Land.

Mit eilenden Wolken der Vogel dort zieht
und singt in der Ferne ein heimatlich Lied.
So treibt es den Burschen durch Wälder und Feld,
zu gleichen der Mutter, der wandernden Welt.

Da grüßen die Vögel, bekannt überm Meer,
sie flogen von Fluren der Heimat hierher;
da duften die Blumen vertraulich um ihn;
sie trieben vom Lande die Lüfte dahin.

Die Vögel, sie kennen sein väterlich Haus;
die Blumen einst pflanzt' er der Liebe zum Strauß;
und Liebe, die folgt ihm, die geht ihm zur Hand;
so wird ihm zur Heimat das ferneste Land.

Keinen Tropfen im Becher mehr

Volkstümliches Lied aus dem 19. Jahrhundert, Weise von Franz Abt,
Text von Rudolf Baumbach

Angekreidet wird hier nicht,
Weil's an Kreide uns gebricht,
lacht die Wirtin heiter.
Hast du keinen Heller mehr,
gib zum Pfand dein Ränzel her,
aber trinke weiter!

Tauscht der Bursch sein Ränzel ein
gegen einen Krug voll Wein,
tät zum Gehn sich wenden.
Spricht die Wirtin: Junges Blut,
hast ja Mantel, Stab und Hut;
trink und laß dich pfänden!

Da vertrank der Wanderknab
Mantel, Hut und Wanderstab,
sprach betrübt: Ich scheide.
Fahre wohl, du kühler Trank,
Lindenwirtin, jung und schlank,
liebliche Augenweide!

Spricht zu ihm das schöne Weib:
Hast ja noch ein Herz im Leib,
laß es mir zum Pfande!
Was geschah, ich tu's euch kund:
Auf der Wirtin rotem Mund
heiß ein andrer brannte.

Der dies neue Lied erdacht,
sang's in einer Sommernacht
lustig in die Winde.
Vor ihm stand ein volles Glas,
neben ihm Frau Wirtin saß
unter blühender Linde.

Ein Heller und ein Batzen

Volkslied aus dem 19. Jahrhundert, Text von Albert von Schlippenbach

Die Wirtsleut und die Mädel,
die rufen beid: O weh!
Die Wirtsleut, wenn ich komme,
die Mädel, wenn ich geh.

Mein Strümpfe sind zerrissen,
mein Stiefel sind entzwei.
Und draußen auf der Heide,
da singt der Vogel frei.

Und gäb es keine Landstraß,
da säß ich still zu Haus,
und gäb's kein Loch im Fasse,
da tränk ich gar nicht draus!

Das war 'ne rechte Freude,
als mich der Herrgott schuf,
'nen Kerl wie Samt und Seide,
nur schade, daß er suff.

Mei Muatta hat g'sagt

Auf Quellen des 19. Jahrhunderts zurückgehendes volkstümliches Lied aus Oberbayern, Weise und Text neugefaßt von Toni Hirtreiter

So hat ma mei Muatta, mei Vata erklärt,
wie ma nie nix macht auf da Welt verkehrt. Hola …

Mei Muatta, mei Vata, de mog i scho.
I sog eich, Leut, jetzt bin i reich. Wias mi g'freut. Hola …

Es war ein Schütz in seinen schönsten Jahren

Ende des 19. Jahrhunderts entstandenes volkstümliches Lied aus Oberbayern

Auf den Bergen ist die Freiheit,
auf den Bergen ist es schön,
doch auf so eine schlechte Weise
mußte Jennerwein zugrunde gehn!

Auf hartem Stein hat er sein Blut vergossen,
am Bauche liegend fand man ihn,
von hinten war er angeschossen,
zersplittert war sein Unterkinn.

Es war schrecklich anzusehen;
als man ihm das Hemd zog aus,
da dachte jeder bei sich selber:
Jäger, bleib mit'm Selbstmord z'haus!

Du feiger Jäger, das ist eine Schande,
du erwirbst dir wohl kein Ehrenkreuz;
er fiel mit dir nicht im offnen Kampfe,
weil's der Schuß von hint' beweist.

Man bracht ihn dann noch auf den Wagen,
bei finstrer Nacht ging es noch fort,
begleitet von seinen Kameraden,
nach Schliersee, seinem Lieblingsort.

Dort ruht er sanft, ja, wie ein jeder,
bis an den großen Jüngsten Tag,
dann zeigt uns Jennerwein den Jäger,
der ihn von hint' erschossen hat.

Von der Höh ging's langsam runter,
denn der Weg war schlecht und weit;
ein Jäger hat es gleich erfunden,
daß er sich hat selbst entleibt.

Und am großen Jüngsten Tage
putzt jeder sein Gewissen und's Gewehr,
dann marschieren d' Jäger samt die Förster
auf's Gamsgebirg zum Luzifer.

Zum Schlusse Dank noch den Vet'ranen,
da ihr den Trauermarsch so schön gespielt,
Jäger, tut euch nun ermahnen,
daß keiner mehr von hinten zielt.

Drei Zigeuner fand ich einmal

Volkstümliches Lied aus dem 19. Jahrhundert, Text von Nikolaus Lenau

Hielt der eine für sich allein
in den Händen die Fiedel,
spielte, umglüht vom Abendschein,
sich ein feuriges Liedel.

Hielt der zweite die Pfeif im Mund,
blickte nach seinem Rauche,
froh, als ob er vom Erdenrund
nichts zum Glücke mehr brauche.

Und der dritte behaglich schlief
und sein Zimbal am Baum hing,
über die Saiten der Windhauch lief,
über sein Herz ein Traum ging.

An den Kleidern trugen die drei
Löcher und bunte Flicken,
aber sie boten trotzig frei
Spott den Erdengeschicken.

Dreifach haben sie mir gezeigt,
wenn das Leben uns nachtet,
wie man's verraucht, verschläft, vergeigt
und es dreimal verachtet.

Nach den Zigeunern lang noch schau'n
mußt ich im Weiterfahren,
nach den Gesichtern dunkelbraun,
den schwarzlockigen Haaren.

Horch, was kommt von draußen rein

Bis ins 18. Jahrhundert zurückreichendes Volkslied aus Schwaben

Leute haben's oft gesagt,
daß ich ein Feinsliebchen hab.
Laß sie reden, schweig fein still,
kann ja lieben, wen ich will.

Sagt mir, Leute, ganz gewiß,
was das für ein Lieben ist;
die ich liebe, krieg ich nicht,
und'ne andre mag ich nicht.

Wenn mein Liebchen Hochzeit hat,
ist für mich ein Trauertag,
geh dann in mein Kämmerlein,
trage meinen Schmerz allein.

Wenn ich dann gestorben bin,
trägt man mich zum Friedhof hin.
Setzt mir keinen Leichenstein,
pflanzt mir drauf Vergißnichtmein.

Laß doch der Jugend ihren Lauf

Auf Quellen des 18. Jahrhunderts zurückgehendes Tanzlied

Warum solln wir uns des Lebens,
des Lebens nicht erfreun?
Warum solln wir uns des Lebens
nicht freun?
Bei Tanz und Flötenspiel
hat man der Freuden viel.

Nur noch ein Walzer, ein Walzer
zu guter, guter Letzt.
Nur noch ein Walzer, ein Walzer
zuletzt.
Seht nur, wie allerliebst und nett
's Mädel die Füße setzt.

Rosestock, Holderblüh

Auf Quellen des 18. Jahrhunderts zurückgehendes Volkslied aus Oberschwaben, neugefaßt von Friedrich Silcher

G'sichterl wie Milch und Blut,
's Dirndl is gar so gut,
um und um dockerlnett,
wenn i's no hätt!

Armerl so kugelrund,
Lippen so frisch und g'sund,
Füßerl so hurtig g'schwind,
tanzt wie der Wind.

Wenn i ins dunkelblau,
funkelhell Augerl schau,
mein i, i schau in mei
Himmelreich nei.

Es kann ja nicht immer so bleiben

Volkstümliches Lied aus dem 19. Jahrhundert, Weise von Friedrich Heinrich Himmel, Text von August Kotzebue

Es haben viel fröhliche Menschen
lang vor uns gelebt und gelacht;
den Ruhenden unter dem Rasen
sei fröhlich der Becher gebracht!

Es werden viel fröhliche Menschen
lang nach uns des Lebens sich freun,
uns Ruhenden unter dem Rasen
den Becher der Fröhlichkeit weihn.

Wir sitzen so traulich beisammen
und haben uns alle so lieb,
erheitern einander das Leben.
Ach, wenn es doch immer so blieb!

Doch weil es nicht immer so bleibet,
so haltet die Freundschaft recht fest;
wer weiß denn, wie bald uns zerstreuet
das Schicksal nach Ost und nach West!

Und sind wir auch fern voneinander,
so bleiben die Herzen doch nah;
und alle, ja alle wird's freuen,
wenn einem was Gutes geschah.

Und kommen wir wieder zusammen
auf wechselnder Lebensbahn,
so knüpfen ans fröhliche Ende
den fröhlichen Anfang wir an.

Es war eine Mutter

Im 19. Jahrhundert entstandenes Volkslied aus Baden und der Pfalz

Der Frühling bringt Blumen,
der Sommer den Klee,
der Herbst bringt die Trauben,
der Winter den Schnee.

Und wie sie sich schwingen
im Jahresreihn,
so tanzen und singen
wir fröhlich darein.

Lustig ist das Zigeunerleben

Scherzlieder in froher Runde

Kommen Grillen, dich zu plagen, wiege sie mit Liedern ein.

Emanuel Geibel
1815–1884

Die Musik ist eine Gabe und Geschenk Gottes,
die den Teufel vertreibt und die Leute fröhlich macht.

Martin Luther
1483–1546

Lustig ist das Zigeunerleben

Bis ins 18. Jahrhundert zurückreichendes Volkslied aus Niederschlesien

Sollt uns einmal der Hunger plagen,
tun wir uns ein Hirschlein jagen:
Hirschlein nimm dich wohl in acht,
wenn des Jägers Büchse kracht.

Sollt uns einmal der Durst sehr quälen,
gehn wir hin zu Waldesquellen,
trinken das Wasser wie Moselwein,
meinen, es müßte Champagner sein.

Wenn wir auch kein Federbett haben,
tun wir uns ein Loch ausgraben,
legen Moos und Reisig 'nein,
das soll uns ein Federbett sein.

Ich ging einmal spaziere

Volkslied aus dem 18. Jahrhundert

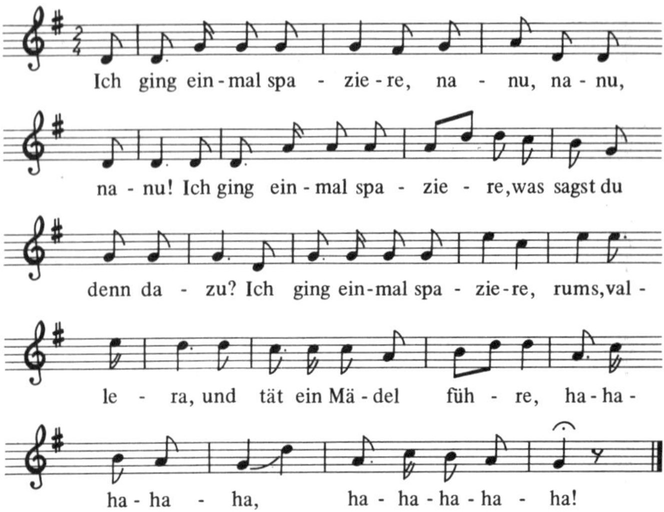

Sie sagt, sie hätt viel Gulde,
dabei sind's lauter Schulde.

Sie sagt, sie tät viel erbe,
dabei sind's lauter Scherbe.

Sie sagt, sie wär von Adel.
Ihr Vater führt die Nadel.

Sie sagt, ich soll sie küsse,
es braucht niemand zu wisse.

Sie sagt, ich soll sie nehme,
sie macht mir's recht bequeme.

Der Sommer ist gekomme.
Ich hab sie nicht genomme.

Es zogen auf sonnigen Wegen

Volkstümliches Scherzlied aus neuerer Zeit

Sie setzten so zierlich die Beine
und sprangen vergnügt durch den Mai;
ich wurde nicht schlüssig für eine,
drum küßt ich sie alle
eins, zwei, drei.

Aber, ach, eine jede wollt haben,
daß ich nur ihr einziger sei,
sie wollten kein Drittel vom Knaben,
sie wollten mich alle
eins, zwei, drei.

Du Schwarze, du Blonde, du Braune,
ade und vergiß und verzeih,
wollt keiner verderben die Laune,
drum laß ich euch alle
eins, zwei, drei.

Gel, du Schwarzaugate

Bis ins 18. Jahrhundert zurückreichendes Volkslied aus Oberbayern

Gel, Deandl, liabast mi,
wanns d' mi mächst, kriagast mi,
wanns d' mi liabst, kannst mi habn
so wias d' mi fiachst!

Steh um, steh um, schwarzg'scheckate Kuah

Auf Quellen des 17. Jahrhunderts zurückgehendes Volkslied aus Oberbayern

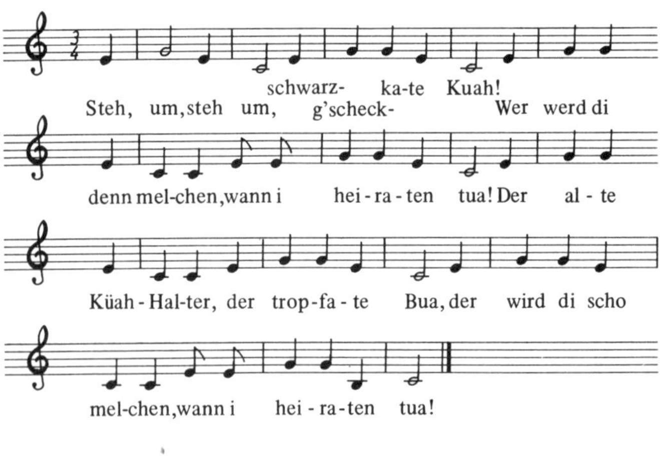

Z' Lauterbach hab i mein Strumpf verlorn

Aus dem 19. Jahrhundert stammender Ländler aus Oberbayern

Z'Lauterbach hab i mein Herz verlorn,
ohne Herz kann i net lebn;
muß i halt wieder auf Lauterbach,
's Deandl soll seines mir gebn.

's Deandl hat schwarzbraune Äugele,
nett wie a Täuberl schaut's her;
wann i beim Fenster an Schnackler tua,
kommt sie ganz freundli daher.

Auf de schwäbsche Eisebahne

Aus dem 19. Jahrhundert stammendes Volkslied aus Schwaben

Auf de schwäbsche Eisebahne
wollt amal a Bäurle fahre,
geht an Schalter, lupft de Hut:
„Oi Billettle, seid so gut!"

Eine Geiß hat er sich kaufet,
und daß sie ihm nit entlaufet,
bindet sie de gute Ma
hinte an de Wage a.

„Böckli, tu nur woidle springe,
's Futter werd i dir scho bringe."
Setzt sich zu sein'm Weible na
und brennts Tabakspfeifle a.

Auf de nächste Statione,
wo er will sein Böckle hole,
findet er nur Kopf und Soil
an dem hintre Wagetoil.

Do kriegt er en große Zorne,
nimmt den Kopf mitsamt dem Horne,
schmeißt en, was er schmeiße ka,
dem Konduktör an Schädel na:

„So, du kannst den Schade zahle,
warum bist so schnell gefahre!
Du allein bist Schuld dara,
daß i d'Geiß verlaure ha!"

So, jetzt wär das Liedle g'sunge!
Hat's euch wohl in d'Ohre klunge?
Wer 's no nit begreife ka,
fang 's no mal von vorne a!

Is scho mehr a neu's Liadl

Volkstümliches oberbayerisches Lied aus neuerer Zeit

Du tausendschöns Bual, was fallt denn dir ei,
daß du mi um an Abschied fragst, derf ja net sei,
hast glabt, i wer trauan, oda ohaltn schö,
bild da's net ei, vowegn mir ko'st scho geh;
all's is jetzt teuer, i ha glei wieda Kauf,
geh hi, wo du her bist, i halt di net auf.

Deandl, daß all's sündteuer is, des woaß i scho,
und wer wird denn di kafn, koa Hund schaut di o!
Die Zettln sind weg und die Sein ham koan B'stand,
und wann's Silbageld net war, ast kammst unta's alt G'wand;
unta d'Kuttn, unta d'Lumpen warst du die recht Waar,
und von dir gab's scho gwiß a schönes Schlußpapier a.

Bua, wann von mir a Geld tat wern, das wird da g'falln,
und ast kunnst deine Schuldn ach amal zahln,
aba gehst eini ins Wirtshaus, schaust aufi auf d'Wand,
dort stehst du drobn, is des net a Schand?
Du bist scho viel z'kurz dro, du kannst nimma zahln,
und wia werd denn a solcha Bua oan Deandl g'falln?

Du tausendschöns Deandl, von Geld hast nia z'redn,
und du hast ast an Bettla koan Pfenning net z'gebn,
du woaßt scho, wias gwen ist, vor a sechs Jahr
bist ganga auf die Bauan as Krapfn zammtragn;
und jetzt bist so stolz und des Ding tuat ma load,
und dei ganz Vamögn is a Kittl und a Pfoad.

Du tausendschöns Bual, jetzt laß mir a Ruah,
i bin nimma dei Deandl und du nimma mei Bua,
wennst du zu mein Fensta kimmst, wird oan glei bang,
du hast lange Finga, is des net a Spott,
und du steckst deine Finga übas sechste Gebot.

Deandl, daß i weit einigreif, is dir a Ehr,
warum kimmst denn so g'schwind ohne Kittel daher;
kimmt oana zum Fensta und klopft er net o,
hast nimma dawei, daß d' an Kittl legst o,
du schaust halt die ganze Nacht an Fenstal zua,
wann a Katz fürspringt, sagst: Geh eina, mei Bua.

Du tausendschöns Bual, des Ding is net schö,
stehst drei Stund scho vorm Fensta, sagst no nir vom
„Du sakara Deandl, auf des han i g'wart. Geh
bist du mas dalabst, denn sischt g'schach ma viel z' hart,
du honagisch Deandl, jetzt wer i ge geh,
für die Zeit, wost mi g'liabt hast, bedank i mi schö!"

Du tausendschöns Bual, geh do net so g'schwind,
tua mi du net ofeindn, die Feindschaft war Sünd,
i nimm meine Redn z'ruck, z'ruck in mei Herz,
es is des koa Spaß net, es is ma scho Ernst.
Geh eina ins Kammal, ast redn mas recht aus,
und i gib dir a Bussal, Bua, wann da net graust.

G'halt du deine Bussal und spar das recht zamm,
ast gehst aufn Tandlmarkt, dort bringst das an.
Du bist a so a Deandl, du woaßt scho, wiast bist,
wer mit dir was handlt, geht koana umsischt;
da Erscht is da liabast, da letzt is da Best,
und a so a Sau, wia du bist, han i nia koani gwißt!

Es hatt ein Bauer ein schönes Weib

Auf Quellen des 16. Jahrhunderts zurückgehendes Volkslied

Der Bauer dachte in seinem Sinn:
Die Reden, die sind mir gut!
Ich will mich hinter das Haustor stelln,
will sehn, was sie wohl tut.
Will sagen, ich fahre ins Heu.

Da kommt geschlichen ein Reitersknecht
zum jungen Weibe hinein,
und sie umfängt gar freundlich ihn,
gab stracks ihren Willen darein.
Mein Mann ist gefahren ins Heu.

Er faßte sie um ihr Gürtelband
und schwang sie hin und her;
der Mann, der hinter dem Haustor stand,
ganz zornig trat er hervor:
Ich bin nicht gefahren ins Heu!

Ach, trauter, herzallerliebster Mann,
vergib mir diesen Fehl!
Ich will ja herzen und lieben dich,
will kochen dir Mus und Mehl.
Ich dachte, du wärest ins Heu.

Und wenn ich gleich gefahren wär
ins Heu und Haberstroh,
so sollst du nun und nimmermehr
einen anderen lieben also.
Da fahre der Teufel ins Heu!

Jetzt fahrn wir über'n See

Volkslied aus dem 18. Jahrhundert

Und als wir drüber war'n,
da sangen alle Vöglein,
der helle Tag brach an.

Der Jäger blies ins Horn,
da bliesen alle Jäger,
ein jeder in sein Horn.

Das Liedlein, das ist aus.
Und wer das Lied nicht singen kann,
der fang's von vorne an.

Der Kuckuck und der Esel

Volkslied aus dem 19. Jahrhundert, Weise von Karl Friedrich Zelter, Text von Heinrich Hoffmann von Fallersleben

Der Kuckuck sprach: „Das kann ich“
und fing gleich an zu schrein.
„Ich aber kann es besser,
ich aber kann es besser“,
fiel gleich der Esel ein,
fiel gleich der Esel ein.

Das klang so schön und lieblich,
das klang von fern und nah;
sie sangen alle beide,
sie sangen alle beide:
Kuckuck! Kuckuck! I-a!
Kuckuck! Kuckuck! I-a!

Ein Vogel wollte Hochzeit machen

Auf Quellen des 16. Jahrhunderts zurückgehendes Volkslied

Die Drossel war der Bräutigam,
die Amsel war die Braute.

Die Lerche, die Lerche,
die führt die Braut zur Kerche.

Der Auerhahn, der Auerhahn,
der war der Küster und Kaplan.

Die Meise, die Meise,
die sang das Kyrieleise.

Die Gänse, die Anten,
das war'n die Musikanten.

Der Pfau mit seinem bunten Schwanz
macht mit der Braut den ersten Tanz.

Brautmutter war die Eule,
nahm Abschied mit Geheule.

Die Puten, die Puten,
die machten breite Schnuten.

Frau Kratzefuß, Frau Kratzefuß
gibt allen einen Abschiedskuß.

Das Finkelein, das Finkelein,
das führt das Paar ins Kämmerlein.

Der Uhuhu, der Uhuhu,
der macht die Fensterläden zu.

Der Hahn, der krähet: „Gute Nacht!"
Dann wird die Kammer zugemacht.

Nun ist die Vogelhochzeit aus,
und alle ziehn vergnügt nach Haus.

Wenn der Topf aber nun ein Loch hat

Auf Quellen des 18. Jahrhunderts zurückgehendes volkstümliches Scherzlied

Womit soll ich's denn aber stopfen,
lieber Heinrich, mein lieber Heinrich?
Mit Stroh, liebe, liebe Liese,
du liebe Liese, mit Stroh.

Wenn das Stroh aber nun zu lang ist,
lieber Heinrich, mein lieber Heinrich?
Hau's ab, liebe, liebe Liese,
du liebe Liese, hau's ab.

Womit soll ich's denn aber abhaun,
lieber Heinrich, mein lieber Heinrich?
Mit'm Beil, liebe, liebe Liese,
du liebe Liese, mit'm Beil.

Wenn das Beil aber nun zu stumpf ist,
lieber Heinrich, mein lieber Heinrich?
Mach's scharf, liebe, liebe Liese,
du liebe Liese, mach's scharf.

Womit soll ich's denn aber schärfen,
lieber Heinrich, mein lieber Heinrich?
Mit'm Stein, liebe, liebe Liese,
du liebe Liese, mit'm Stein.

Wenn der Stein aber nun zu trocken ist,
lieber Heinrich, mein lieber Heinrich?
Mach'n naß, liebe, liebe Liese,
du liebe Liese, mach'n naß.

Womit soll ich ihn denn naßmachen,
lieber Heinrich, mein lieber Heinrich?
Mit Wasser, liebe, liebe Liese,
du liebe Liese, mit Wasser.

Womit soll ich's denn aber holen,
lieber Heinrich, mein lieber Heinrich?
Mit'm Topf, liebe, liebe Liese,
du liebe Liese, mit'm Topf.

Wenn der Topf aber nun ein Loch hat,
lieber Heinrich, mein lieber Heinrich?
Laß sein, dumme, dumme Liese,
du dumme Liese, laß sein.

Ich bin der Doktor Eisenbart

Bis ins 18. Jahrhundert zurückreichendes volkstümliches Scherzlied

Zu Potsdam trepanierte ich
den Koch des Großen Friederich;
ich schlug ihm mit dem Beil vor'n Kopf,
gestorben ist der arme Tropf.

Zu Ulm kuriert ich einen Mann,
daß ihm das Blut vom Beine rann;
er wollte gern gekuhpockt sein,
ich impft's ihm mit dem Bratspieß ein.

Des Küsters Sohn zu Dideldum,
dem gab ich zehn Pfund Opium,
drauf schlief er Jahre, Tag und Nacht,
und ist bis heut noch nicht erwacht.

Zu Wien kuriert ich einen Mann,
der hatte einen hohlen Zahn;
ich schoß ihn raus mit der Pistol,
ach Gott, wie ist dem Mann so wohl.

Zu Prag, da nahm ich einem Weib
zehn Fuder Steine aus dem Leib;
der letzte war ihr Leichenstein,
sie wird jetzt wohl kurieret sein.

Das ist die Art, wie ich kurier,
sie ist probat, ich bürg dafür.
Daß jedes Mittel Wirkung tut,
schwör ich bei meinem Doktorhut.

Zwischen Berg und tiefem, tiefem Tal

Volkslied aus dem 19. Jahrhundert

Als sie sich nun satt gefressen hatten,
setzten sie sich nieder,
bis daß nun der Jäger, Jäger kam
und schoß sie nieder.

Als sie sich nun aufgerappelt hatten
und sie sich besannen,
daß sie noch am Leben, Leben warn,
liefen sie von dannen.

Zu Regensburg auf der Kirchturmspitz

Auf Quellen des 16. Jahrhunderts zurückgehendes Scherzlied

Und als die Schneider Jahrtag hatten,
da waren sie alle froh.
Da aßen ihrer neunzig,
ja, neunmal neunundneunzig
an einem gebratnen Floh.

Und als die Schneider gegessen hatten,
da waren sie voller Mut.
Da tranken ihrer neunzig,
ja, neunmal neunundneunzig
aus einem Fingerhut.

Und als sie nun getrunken hatten,
da kamen sie in Hitz.
Da tanzten ihrer neunzig,
ja, neunmal neunundneunzig
auf einer Nadelspitz.

Und als sie nun getanzet hatten,
da sah man sie nicht mehr.
Da krochen ihrer neunzig,
ja, neunmal neunundneunzig
in eine Lichtputzscher.

Und als sie nun im Schlafe waren,
da knispelt eine Maus.
Da schlüpften ihrer neunzig,
ja, neunmal neunundneunzig
zum Schlüsselloch hinaus.

Es wollt ein Schneider wandern

Bis ins 17. Jahrhundert zurückreichendes Volkslied

Sobald der Schneider in d'Höll 'neinkam,
nahm er sein Ellenstab.
Er schlug den Teufeln die Buckel voll,
die Höll wohl auf und ab.
„Hehe, du Schneiderg'sell,
mußt wieder aus der Höll!
Wir brauchen nicht das Messen,
es gehe, wie es wöll!"

Nachdem er all gemessen hat,
nahm er sein lange Scher
und stutzt den Teufeln die Schwänze ab;
sie hupften hin und her.
„Hehe, du Schneiderg'sell,
pack dich nur aus der Höll!
Wir brauchen nicht das Stutzen,
es gehe, wie es wöll!"

Da zog er's Bügeleisen raus
und warf's ins Höllenfeuer.
Er strich den Teufeln die Falten aus,
sie schrieen ungeheuer:
„Hehe, du Schneiderg'sell,
geh du nur aus der Höll!
Wir brauchen nicht das Bügeln,
es gehe, wie es wöll!"

Er nahm den Pfriemen aus dem Sack
und stach sie in die Köpf.
Er sagt: „Halt still, ich bin schon da,
so setzt man bei uns die Knöpf."
„Hehe, du Schneiderg'sell,
geh schnellstens aus der Höll!
Wir brauchen keine Knöpfe,
es gehe, wie es wöll!"

Da nahm er Nadel und Fingerhut
und fing zu nähen an.
Er näht den Teufeln die Naslöcher zu,
so eng er immer kann.
„Hehe, du Schneiderg'sell,
pack dich doch aus der Höll!
Wir können nimmer schnaufen,
es gehe, wie es wöll!"

Und darauf kam der Luzifer
und sagt: „Es ist ein Graus.
Kein Teufel hat ein Schwänzel mehr,
jagt ihn zur Höll hinaus!"
„Hehe, du Schneiderg'sell,
nun pack dich aus der Höll!
Wir brauchen keine Kleider,
es gehe, wie es wöll!"

Nachdem er nun hat aufgepackt,
da ward ihm erst recht wohl;
er hüpft und springt unverzagt,
lacht sich den Buckel voll;
ging eilends aus der Höll
und blieb ein Schneiderg'sell.
Drum holt der Teufel kein Schneider mehr,
er stehl, so viel er wöll.

Wir sind durch Deutschland gefahren
Lieder zur glücklichen Heimkehr

Wer dem Volke sein Lied – das entschwindende – wiedergibt, gibt ihm seine Seele wieder.

Peter Rosegger
1843–1918

Ein kleines Lied! Wie geht's nur an,
daß man so lieb es haben kann?
Was liegt darin? Erzähle!
Es liegt darin ein wenig Klang,
Ein wenig Wohllaut und Gesang
Und eine ganze Seele.

Marie von Ebner-Eschenbach
1830–1916

Wir sind durch Deutschland gefahren

Volkslied aus dem 19. Jahrhundert

In den Ohren das Rauschen vom Strome,
der Wälder raunenden Klang,
das Geläut von den Glocken der Dome,
der Felder Lerchengesang.

In den Augen das Leuchten der Sterne,
der flimmernden Heidsonne Glut,
und tief in der Seele die Ferne,
das Sehnen, das nimmermehr ruht.

So sind wir durch Deutschland gefahren,
vom Meer bis zum Alpenschnee.
Wir werden noch weiter fahren,
um neue Lande zu sehn!

Bin auf und auf ganga

Bis ins 18. Jahrhundert zurückreichendes Volkslied aus Oberbayern

Und daß i die Farb' siech, des is halt mei Freud,
und i denk mi na hoam und waar i weg no so weit,
und zum Umkehrn, da gibts ma halt allweil an Riß,
weils boarische Landl, woas Gott des best'is!

Kehr ich einst zur Heimat wieder

Auf Quellen des 18. Jahrhunderts zurückgehendes Volkslied aus Schlesien

In dem Schatten einer Eiche,
ja, da gab ich ihr den Abschiedskuß.
Schatz, ich kann nicht länger bleiben,
weil, ja weil ich von dir scheiden muß.

Liebes Mädel, laß das Weinen,
liebes Mädel, laß das Weinen sein.
Wenn die Rosen wieder blühen,
ja, dann kehr ich wieder bei dir ein.

Tief drin im Böhmerwald

Volkstümliches Lied aus dem 19. Jahrhundert, Weise von Jakob Eduard Schmölzer, Text von Andreas Hartauer

O holde Kinderzeit, noch einmal kehr zurück,
wo spielend ich genoß das allerhöchste Glück,
wo ich am Vaterhaus auf grüner Wiese stand
und weithin schaute auf mein Heimatland.

Nur einmal noch, o Herr, laß mich die Heimat sehn,
den schönen Böhmerwald, die Täler und die Höhn;
dann kehr ich gern zurück und rufe freudig aus:
Behüt dich, Böhmerwald, mein Vaterhaus!

Als ich einmal reiste

Bis ins 18. Jahrhundert zurückreichendes Volkslied aus Thüringen

Zwei Jahr bin ich geblieben,
zog ich umher von Land zu Land,
und was ich da getrieben,
das ist der Welt bekannt.

Als ich wiedrum kommen
in unser altes Dorf hinein,
da schaute meine Mutter
aus ihrem Fensterlein.

„Ach, Sohne, liebster Sohne,
dein Aussehn g'fällt mir gar nicht wohl,
dein Höslein sind verloren,
die Strümpf, das Kamisol."

„Ach, Mutter, liebste Mutter,
was fragt ihr nach der Lumperei!
An Höslein, Rock und Futter
spart ihr die Flickerei."

Die Mutter ging zur Küchen,
sie kocht mir Nudel und Sauerkraut,
stopft Rock und Höslein,
daß ich bin herrlich anzuschaun.

Kein schöner Land

Auf Quellen des 18. Jahrhunderts zurückgehendes Volkslied, Weise und Text neugefaßt von Anton Wilhelm Florentin von Zuccalmaglio

Da haben wir so manche Stund
gesessen da in froher Rund
und taten singen;
die Lieder klingen im Eichengrund.

Daß wir uns hier in diesem Tal
noch treffen so vielhundertmal,
Gott mag es schenken,
Gott mag es lenken, er hat die Gnad.

Nun, Brüder, eine gute Nacht!
Der Herr im hohen Himmel wacht;
in seiner Güten
uns zu behüten, ist er bedacht.

Im schönsten Wiesengrunde

Volksweise aus dem 17. Jahrhundert, neugefaßt von Friedrich Silcher,
Text von Wilhelm Ganzhorn

Muß aus dem Tal jetzt scheiden,
wo alles Lust und Klang;
das ist mein herbstes Leiden,
mein letzter Gang.
Dich, mein stilles Tal,
grüß ich tausendmal!
Das ist mein herbstes Leiden,
mein letzter Gang.

Sterb ich, in Tales Grunde
will ich begraben sein;
singt mir zur letzten Stunde
beim Abendschein:
Dir, mein stilles Tal,
Gruß zum letztenmal!
Singt mir zur letzten Stunde
beim Abendschein!

Heut noch sind wir hier zu Haus

Volkstümliches Lied aus dem 19. Jahrhundert, Text von Heinrich Hoffmann von Fallersleben

Lange wandern wir umher,
durch die Länder kreuz und quer,
wandern auf und nieder,
keiner sieht sich wieder.

Und so wandr' ich immerzu,
fände gerne Rast und Ruh,
muß doch weiter gehen,
Kält und Hitz ausstehen.

Manches Mägdlein lacht mich an,
manches spricht: Bleib, lieber Mann!
Ach, ich bliebe gerne,
muß doch in die Ferne.

Und das Ferne wird mir nah;
endlich ist die Heimat da!
Aber euch, ihr Brüder,
seh ich niemals wieder.

Himmel und Erde

Volkstümlicher Kanon aus neuerer Zeit

Alphabetisches Verzeichnis der Lieder nach Liedanfängen